# Qué hacer para desarrollar la autoestima en los adolescentes

Libro anteriormente publicado con el título
*Escuela para padres*
*Cómo desarrollar la autoestima*
*en los adolescentes*

Germain Duclos
Danielle Laporte
Jacques Ross

# Qué hacer para desarrollar
# la autoestima en los adolescentes

México ♦ Miami ♦ Buenos Aires

Título original: *L'estime de soi des adolescents*
© Hôpital Sainte-Justine, 2003

*Qué hacer para desarrollar la autoestima en los adolescentes*
© Germain Duclos, Danielle Laporte, Jacques Ross, 2010

# Quarzo

D. R. © Editorial Lectorum, S. A. de C. V., 2010
Centeno 79-A, col. Granjas Esmeralda
C. P. 09810, México, D. F.
Tel. 5581 3202
www.lectorum.com.mx
ventas@lectorum.com.mx

   L. D. Books, Inc.
   Miami, Florida
   sales@ldbooks.com

   Lectorum, S. A.
   Buenos Aires, Argentina
   ventas@lectorum-ugerman.com.ar

Primera edición: julio de 2010
ISBN: 978-607-457-131-8

© Traducción: Marcela Cortázar
© Portada: Lucero Elizabeth Vázquez Téllez

Impreso y encuadernado en México.
*Printed and bound in Mexico.*

# Índice

Introducción................................................. 9

Capítulo I. Dar confianza al adolescente.....17

El adolescente debe sentir que sus padres
le dan confianza
El adolescente debe participar en la elaboración
de las reglas relacionadas con él
El adolescente debe aprender a controlar
su estrés
¡Recuerde!

Capítulo II. Ayudar al adolescente
a conocerse................................................. 39

El adolescente debe ser amado, apreciado,
escuchado y comprendido
El adolescente debe separarse, afirmarse
y volverse independiente
El adolescente debe ser reconocido y
respetado por lo que es

El adolescente debe sentir que sus padres
   esperan cosas realistas de él
¡Recuerde!

Capítulo III. Enseñar al adolescente a
participar y cooperar.................................... 59

El adolescente debe encontrar su lugar
   en la familia
El adolescente debe encontrar su lugar
   en su grupo de amigos
El adolescente debe encontrar su lugar
   en el ámbito escolar
¡Recuerde!

Capítulo IV. Ayudar al adolescente a descubrir
estrategias que lo lleven al éxito................ 77

El adolescente necesita modelos para
   planear su futuro
El adolescente aprende a resolver sus
   problemas
El adolescente debe tener logros
¡Recuerde!

Conclusión....................................................99

# INTRODUCCIÓN

Individualmente y como sociedad hemos comprendido poco a poco que la autoestima es muy importante. Esta toma de conciencia está ligada al hecho de que vivimos un periodo de cuestionamientos profundos. Se trata de una verdadera crisis de identidad debida a los cambios tan rápidos que vivimos y que nos hace recordar la adolescencia. La importancia que le damos a la autoestima proviene de la inquietud que cada uno de nosotros tiene cuando ve niños, adolescentes o adultos deprimidos y con tendencias a menospreciarse. Los medios de comunicación nos presentan sin tregua una imagen deformada de nuestra capacidad como padres y nos recuerdan sin piedad que nuestra sociedad tiene las tasas más altas de deserción escolar y suicidios de jóvenes. Esta situación explica nuestra inquietud y nutre nuestra voluntad de hacer todo lo posible para aminorar la violencia, la depresión y la ansiedad.

La sociedad se ha transformado rápidamente. En menos de 30 o 40 años, los valores básicos se han desbordado. Hemos pasado de ser una sociedad centrada en la familia a ser una sociedad caracterizada por 49% de divorcios; una reducción dramática en la cantidad de población infantil; una mayoría de mujeres en el mercado laboral; y una redefinición de los papeles del hombre y de la mujer, del padre y la madre.

Esta transformación social causa muchos cuestionamientos, así que no es sorprendente que tengamos el gusto, dadas las circunstancias, de concentrar nuestra atención y esfuerzos en los puntos fuertes de las personas, en los elementos positivos de las relaciones humanas y en la esperanza de un mundo mejor. La autoestima está en el corazón de esta labor.

### ¿Qué es la autoestima?

Cada persona se hace una idea de sí misma. Esta percepción, fuertemente influida por los cambios sociales de los que hablamos al inicio, se construye a lo largo de los años y nunca está definitivamente afianzada.

El niño se mira a sí mismo a través de la mirada que tienen de él las personas que juzga importantes en su vida: padres, abuelos, profesores, amigos, etcétera. Para conocerse a sí mismo se sirve de las palabras y de los gestos que esas personas le dirigen a él y a su entorno. Luego, el niño crece y los amigos se vuelven cada vez más importantes hasta convertirse, en la adolescencia, en el espejo en el que él o ella se mira. La edad adulta no marca el fin de este proceso. Hay días en que la opinión favorable de los demás nos tranquiliza y confirma las impresiones que tenemos de nosotros mismos. En algunos momentos, cuando la opinión es desfavorable, nos hiere y nos hace dudar de nosotros mismos. De hecho, hay investigaciones que demuestran que la imagen que uno tiene de sí mismo se transforma incluso después de los 80 años.

La autoestima es el valor que uno se atribuye en los diferentes aspectos de la vida. Así, una persona puede tener una buena opinión de sí en el trabajo, pero no en su papel de padre. Cada persona se forma una opinión de sí misma en el aspecto físico (apariencia, habilidades, resistencia), en el intelectual (capacidades, memoria, raciocinio) y en el social (capacidad de hacer amigos, carisma, simpatía). Lo mismo sucede en el amor, el trabajo y la creatividad. Una persona que tenga una buena imagen de sí misma en la mayoría de los ámbitos de la vida, la tendrá también de manera general, y viceversa.

Frecuentemente se confunde la autoestima con el amor propio. Es cierto que ambos conceptos son muy cercanos, y hasta complementarios. El amor propio, por ejemplo, se define como el sentimiento de dignidad y valor personal, y se refiere al orgullo de sí mismo. Herir el amor propio de una persona es tocar su interior más profundo. Autoestima y amor propio son conceptos muy ligados uno al otro, pero la diferencia entre los dos reside en la distinción que uno puede establecer entre amar y estimar.

Se puede estimar a alguien sin amarlo. Uno puede reconocer cualidades y aptitudes de alguien que se encuentre fuera de su entorno inmediato —un personaje público o político, por ejemplo— sin amarlo como persona. Pero no sucede así a la inversa, es decir, uno no puede amar a una persona sin estimarla, sin atribuirle un valor personal e intrínseco. En una relación de amor y apego, es importante que se aprecien, admiren y estimen las cualidades, aptitudes y actitudes de la persona amada.

En esta comparación entre amor propio y autoestima, uno se da cuenta de que una persona no puede amarse a sí misma sin estimarse, es decir, sin atribuirse un valor personal (cualidades, capacidades, forma de ser, identidad única). El adolescente es muy capaz de lanzar una mirada crítica sobre sí mismo para acrecentar un monólogo interior pleno de juicios positivos o negativos. Puede juzgar sus actos, rendimiento ("parecer"), cualidades, aptitudes, estilo personal ("ser"). Es con el monólogo interior o la calidad de los pensamientos que mantiene sobre sí mismo que un adolescente alimenta o aminora su autoestima. Está muy influido por sus propias evaluaciones sobre sus capacidades o características personales, y por las de las personas que le son significativas.

El adolescente puede expresar su autoestima afirmándose. La autoafirmación es un tipo de autoestima en acción. Efectivamente, cuando un adolescente está consciente de su valor personal (autoestima), le es más fácil afianzarse expresando sus ideas, opiniones, necesidades y deseos. En principio, es más capaz de tomar decisiones personales. Así, gracias a su autoestima, logra más fácilmente tener un lugar en un grupo y, sobre todo, hacerse respetar oponiéndose a las agresiones verbales o físicas de su entorno.

### La autoestima y el adolescente

La adolescencia es un periodo crucial en lo que concierne al desarrollo y la consolidación de la autoestima. Es en ese momento de la vida cuando cada individuo debe encontrar su identidad. Para hacerlo, el joven debe correr el riesgo de tomar distancia respecto a sus padres, para definirse comparándose con ellos y explorando la intimidad con sus amigos y personas del sexo opuesto.

Las transformaciones físicas que se suceden en la adolescencia perturban la imagen que el joven tenía de sí mismo. Un adolescente tiene la capacidad de razonar conceptos abstractos que le hacen ver con otra óptica la vida y a los demás (en particular, a sus padres). En fin, confronta muchos nuevos papeles sociales: el de trabajador, pues debe tener dinero para ser independiente; el de enamorado, pues la pubertad le hace descubrir la sexualidad; y el de aprendiz, pues la vida le pide elegir una profesión.

Todos estos cambios ponen a los jóvenes en una posición muy vulnerable, por ello son difíciles con los adultos. De hecho, necesitan que reconozcamos su valor y les ayudemos a consolidar su orgullo.

La adolescencia es un periodo difícil, pues cada uno tiene la tarea de definir su identidad y asumirla de manera permanente. El joven debe, en principio, aprender a *conocerse* (sus cualidades, capacidades, problemas y puntos débiles) antes de *reconocerse* (autoestima), es decir, lograr hacer un buen juicio de lo que descubre en sí mismo. La autoestima se apoya primero en la identidad propia.

La adolescencia no debe percibirse como una simple recapitulación de la infancia o el fin de las preocupaciones infantiles. "¿Quién soy?" (la identidad) y "¿cuánto valgo?" (autoestima) son preocupaciones centrales en la adolescencia. Es el autoconocimiento lo que hace que el adolescente sea capaz de proyectarse en el futuro y decidir su profesión.

## *A los padres y profesores*

Los padres y profesores deben ayudar a los adolescentes a desarrollar una buena autoestima. Muchas investigaciones muestran que ésta se encuentra en el centro de toda estrategia que apunte a prevenir problemas en los jóvenes: deserción escolar, dificultades de aprendizaje, delincuencia, drogadicción y alcoholismo, suicidio, etcétera. Sin embargo, no es fácil entrar al universo de los adolescentes, aun si se tiene la intención de valorarlos, pues ellos buscan alejarse de los adultos y, para lograrlo, se hacen los indiferentes o fingen saberlo todo y no tener nada que aprender.

Es necesario recordar que una buena autoestima no es sinónimo de docilidad y gentileza. Éstas más bien significan que uno tiene conciencia de sus puntos fuertes y débiles, y que uno se acepta a sí mismo con lo que posee y aprecia. Tener una buena autoestima significa asumir responsabilidades, afianzarse, saber responder a las necesidades de uno mismo, tener metas y encontrar los medios para lograrlas. Todo esto requiere consideración de los otros y una integridad personal. La autoestima es, ante todo, tener confianza en uno mismo, en los que uno ama, ¡y en la vida!

Cuando padres y profesores trabajan para consolidar la autoestima de los adolescentes, tienen como proyecto educativo permitirles concretar lo mejor de sí mismos. Para hacerlo, se necesita, evidentemente, creer en los jóvenes. Por otro lado, trabajar para establecer buenas relaciones con los adolescentes puede ayudar a padres y profesores a elevar su propia imagen, lo cual trae un beneficio innegable.

## CAPÍTULO I
## DAR CONFIANZA AL ADOLESCENTE

La psicoanalista Françoise Dolto compara al adolescente con un cangrejo que ha perdido su caparazón y debe esconderse en el fondo del mar, detrás de las rocas, mientras encuentra defensas nuevas y eficaces. Bajo sus actitudes indiferentes, el adolescente disimula una sensibilidad profunda y una gran vulnerabilidad ante los otros y ante las reacciones que provoca.

En la adolescencia, se tiene la impresión de que uno no puede seguir con las ideas que tenía antes. Tampoco puede encajar en la imagen que tenía de sí mismo, pues está en un proceso de cambio; y si no cambia, pierde la confianza en sí y en los otros. Entonces es necesario ayudar al adolescente a tranquilizarse mostrándole que puede contar con nosotros, que somos confiables y que estamos convencidos de lo que vale.

La aplicación de una disciplina justa y flexible ayuda a que el adolescente adquiera confianza. La disciplina debe ser democrática, es decir, debe definir claramente los límites y estar abierta a la negociación y el diálogo. Ponerla en práctica permite que el adolescente desarrolle y consolide un sentimiento de seguridad interior. Aun cuando usted se esfuerce en ser un padre fiable y haya instaurado una disciplina democrática, puede suceder que su adolescente no confíe en sí mismo. No logra encontrar la paz interior porque está viviendo un gran número de cambios y se siente muy estresado. En estas circunstancias, usted puede ayudarlo a reconocer los efectos del estrés y encontrar los medios para superarlo. Si usted tiene en cuenta las presiones que la escuela, la familia y la sociedad ejercen sobre el adolescente, será más comprensivo con él y tomará con más filosofía sus reacciones incisivas.

### *El adolescente debe sentir que sus padres le dan confianza*

### La confianza en uno mismo

La confianza es contagiosa. Para poder transmitirla a un adolescente, el padre o la madre debe tener confianza, primero como personas y luego en su papel de padres. Esta actitud se apoya en la autoestima, el valor que uno tiene de sí mismo.

**Verifique cuánta confianza tiene en sí mismo respondiendo las siguientes preguntas:**

- ¿Estoy satisfecho con mi estado de salud?
- ¿Me siento bien con mi apariencia física?
- ¿Soy bueno en algún deporte?
- ¿Tengo algunas habilidades manuales?
- ¿Tengo buena capacidad de razonamiento?
- ¿Me aprecian mis amigos?
- ¿Me gusta conocer cosas nuevas?
- ¿Sé enfrentar bien las dificultades?
- ¿Soy de humor alegre y agradable?
- ¿Soy capaz de controlar mi estrés?

La confianza en uno mismo se desarrolla en cualquier momento de la vida. Está asociada con una relación de apego y se construye asimilando experiencias agradables en las que uno puede probar sus cualidades, talentos y capacidades. La confianza que uno tiene como padre se apoya, sobre todo, en la confianza de uno mismo como persona adulta.

## La confianza como padre

Es importante evaluar, de la manera más objetiva posible, las actitudes, conductas educativas y cuidados que uno le procura a su adolescente.

**Verifique cuánta confianza tiene en sí mismo como padre respondiendo las siguientes preguntas:**

- ¿Comprendo las necesidades de mi hijo?
- ¿Lo ayudo a controlar su estrés?
- ¿Escucho sus sentimientos, ideas y opiniones?
- ¿Procuro que sea independiente?
- ¿Lo ayudo en sus iniciativas?
- ¿Reconozco sus esfuerzos y logros?
- ¿Lo estimulo a ser sociable?

La confianza que uno tiene como padre está condicionada por las experiencias vividas con el hijo desde su nacimiento. Algunas habrán sido muy afortunadas; otras, difíciles. Como padre, cada uno reconoce los aspectos favorables que han ayudado al desarrollo del adolescente desde su niñez. Estos aspectos se convierten en la base de la confianza de uno como padre y dan una seguridad personal sobre la educación del joven. La confianza en el adolescente no aparece como por acto de magia. Crece día a día y se manifiesta cuando los padres son fiables cotidianamente. La confianza nace de la confianza.

## Mi adolescente puede confiar en mí

**Verifique cuánta confianza inspira usted respondiendo las siguientes preguntas:**

- ¿Sostengo las promesas que hago a mi adolescente?
- ¿Sigo los valores que le he transmitido?
- ¿Tengo un estado de ánimo constante?
- ¿La disciplina que aplico se modifica con mis estados de ánimo?
- ¿Soy puntual en mis citas?
- ¿Estoy seguro de mis decisiones?
- ¿Me mantengo en mis decisiones a pesar de las dificultades?
- ¿Conservo mis ideas a pesar de las presiones externas?
- ¿Termino lo que comienzo?
- ¿Cumplo mis promesas en los plazos establecidos?

## La confianza en mi adolescente

No es porque el niño se ha convertido en un adolescente que uno confía en él. La confianza entre padre e hijo se desarrolla gradualmente. Para lograrla, hay que establecer una relación de seguridad y de apego entre ambos; y el padre debe reconocer las cualidades, habilidades y talentos del adolescente.

De la infancia a la adolescencia, la confianza, desde la perspectiva de los hijos, permanece estable, se enriquece o aminora. Esto sucede de acuerdo con lo que se ha vivido con ellos durante su desarrollo y según la adaptación que tengan mutuamente. Además, no olvide que puede existir una distancia entre la confianza que usted le da a su hijo y la que él piensa que recibe.

 **Verifique cuánto confía su hijo en sí mismo respondiendo las siguientes preguntas:**

- ¿Es hábil para algunos deportes?
- ¿Es bueno para hacer trabajos manuales?
- ¿Tiene una buena capacidad de razonamiento?
- ¿Expresa sus ideas y sentimientos?
- ¿Es sociable?
- ¿Es capaz de controlarse?
- ¿Tiene iniciativas?
- ¿Le gusta probar su libertad?
- ¿Asume bien sus responsabilidades?
- ¿Se enfrenta bien a las dificultades?

**¿Cómo ayudar a mi adolescente a tener una mayor confianza en sí mismo?**

He aquí algunos principios generales a seguir para que su hijo pueda mantener la confianza en sí mismo o para aumentar la que ya tiene.

Hay que evitar...
• Protegerlo o controlarlo demasiado.
• Esperar cosas irreales de él.

Hay que ayudarlo a...
• Ser menos dependiente.
• Tener experiencias diferentes.
• Tomar decisiones considerando las conse-
  cuencias positivas y negativas que conlle-
  ven.
• Aceptar sus errores y verlos como buenas
  oportunidades para crecer.

## El adolescente debe participar en la elaboración de las reglas relacionadas con él

Todos los padres esperan que su adolescente
controle cada vez más su comportamiento y sus
actitudes. Un adolescente capaz de autodisci-
plinarse es aquel que ha sido estimulado desde
muy pequeño a ser independiente y aun ser guia-
do y apoyado en sus iniciativas.

Toda la familia debe definir reglas precisas de
conducta para prevenir malos entendidos o conflictos, y también para determinar los derechos y
privilegios de cada uno. Estas reglas son elementos esenciales para que reine la armonía familiar.

## Reglas claras

Las reglas permiten establecer valores educativos claros. Mencionemos, por ejemplo, el respeto a sí mismo, a los otros, la tolerancia a las diferencias, la comprensión mutua, etcétera.

## Reglas concretas

Las reglas familiares deben establecerse en relación con los comportamientos concretos que se deseen. Un comportamiento es concreto si se puede observar y medir.

## Reglas constantes

La aplicación de las reglas no debe variar con el humor o caprichos del adulto o el adolescente. Además, es importante ofrecer al joven un margen real de libertad al interior de un tipo de vida en el que las posibilidades y los límites sean constantes, permanentes y establecidos claramente. Este tipo de entorno familiar da seguridad al joven y le permite percibir a sus padres como seres previsibles, fiables y dignos de confianza.

## Reglas consecuentes

Todos los adolescentes tienen, en diversos grados, una propensión a quebrantar las reglas. Es importante que asuman las consecuencias que tengan sus actos. Para ello, hay que establecer reglas claras y sanciones lógicas. Estas reglas y sanciones deben estar bien relacionadas. Es bueno que todos los miembros de la familia las discutan y las acepten. Una sanción lógica estará naturalmente ligada al comportamiento del individuo o del grupo y pondrá en evidencia el resultado de un acto o una conducta particular.

A continuación presentamos diferentes formas de intervenir ante un comportamiento inadecuado.

• Detener la acción

Poner fin a un comportamiento considerado peligroso para uno mismo o para los demás. Este alto puede realizarse con los medios que la familia disponga o usando los servicios de aliados naturales, como los prefectos o consejeros escolares. Las conductas peligrosas que pueden requerir de este tipo de intervención son: golpear, agredir, usar armas blancas o de fuego, provocarse heridas, etcétera.

• Reconocer emociones y sentimientos

Detrás de una conducta inadecuada o desagradable suelen esconderse sentimientos o necesidades que no se expresan como tales. Vale la pena intentar descubrirlas antes de reaccionar frente a cierta conducta. Ejemplos de conductas inadecuadas o desagradables que pueden requerir este tipo de intervención son: mal humor, fastidio, intolerancia, introversión, frustración, insatisfacción, provocación, etcétera.

- EXPRESAR claramente el sentido de los valores y reglas familiares

Después de una conducta inadecuada, el padre o la madre debe aclarar el sentido que tiene la regla transgredida. Hay que precisar el sentido oculto y explicar la conducta esperada, así como el principio que la sostiene. Las conductas inadecuadas que pueden requerir este tipo de intervención son: individualismo, poca solidaridad, negación a cooperar, resistencia a compartir o comprometerse, etcétera.

- NEGOCIAR los conflictos relacionados con las necesidades

Los comportamientos inadecuados del adolescente suelen ser el resultado de una falta de comunicación con sus padres. Cuando las necesidades del adolescente y las de sus padres son expresadas, compartidas y situadas en un marco realista para ambas partes, la posibilidad de vivir en armonía aumenta de manera importante. Ejemplos de comportamientos inadecuados que pueden requerir este tipo de intervención son: llegar tarde a casa, solicitudes frecuentes de dinero, desorden en la habitación, mal uso de los espacios comunes, etcétera.

Notemos que la mayor parte de los conflictos entre padres y adolescentes son el resultado de la ambivalencia que los jóvenes tienen al asumir sus responsabilidades y su independencia, y de la tendencia de los padres a proyectar en sus hijos sus deseos, sueños y esperanzas.

## Reglas coherentes

Ser coherente es poner el ejemplo. El adulto coherente respeta las reglas que él mismo acentúa; actúa en función de los valores que quiere transmitir al adolescente. Con el ejemplo se inspira la confianza.

## Tipos de padres y de disciplina

### Los padres

*Tipo 1*
Llevan bien la adolescencia. Estimulan a su hijo a tener responsabilidades, afirmarse y ser independiente. Son personas coherentes, flexibles y firmes.

*Tipo 2*
Encuentran dificultades en el periodo de la adolescencia. Deben preguntarse si hacen lo mismo que exigen a su hijo, ¡es posible que haya

una lucha de poder entre ambos! Los padres que son demasiado rígidos o poco firmes no ayudan a su hijo a afianzarse positivamente. No hay que olvidar que la negociación permite resolver bien los conflictos.

*Tipo 3*
Sienten la adolescencia como un ataque hacia ellos o, al menos, como un serio cuestionamiento a su autoridad. Tienen que reflexionar sobre su actitud ante la autoridad. Si no logra crear un lazo con su adolescente, busque ayuda; vale la pena para todos.

## Tipos de disciplina

### Autoritaria

Los padres quieren planear todo, decidir y controlar. En general, sólo preguntan por la forma en que se harán las cosas. El adolescente se vuelve conformista o revoltoso; en ambos casos está desmotivado, deprimido e infeliz.

### Permisiva

Con el pretexto de dejarlo vivir sus propias experiencias, los padres permiten que el adolescente decida todo. El adolescente no tiene ningún marco referencial estable ni digno de confianza. Sólo se conduce de acuerdo con sus deseos e impulsos y es posible que sus experiencias no sean siempre positivas. En el límite, se siente poco importante para sus padres, ignorado o abandonado.

## Democrática

Los padres tienen reglas claras, concretas, constantes, consecuentes y coherentes. Son capaces de predicar con el ejemplo y negociar la vida en común. Son flexibles, pero firmes en ciertos aspectos. Los adolescentes replican, pero aprenden poco a poco a comprender y aceptar las realidades y responsabilidades de la vida en común.

**Investigue si usted practica una disciplina democrática con su adolescente respondiendo las siguientes preguntas:**

- ¿Tengo en cuenta sus necesidades?
- ¿Le propongo soluciones a sus conflictos?
- ¿Estoy abierto a los cambios y la comunicación?
- ¿Soy flexible en mis decisiones y en mi forma de aplicarlas?
- ¿Soy capaz de afianzarme dentro de mis límites personales?

- ¿Dejo pasar las cosas?
- ¿Predico con el ejemplo?
- ¿Acepto que mi adolescente exprese todas sus opiniones?
- ¿Enseño tolerancia con tolerancia?
- ¿Motivo la curiosidad y las iniciativas personales?
- ¿Promuevo la independencia y la responsabilidad?
- ¿Propongo actividades agradables?
- ¿Felicito a mi hijo cuando muestra determinación?
- ¿Le demuestro mi confianza?
- ¿Lo ayudo a actuar solo?

La educación familiar puede ayudar mucho a lograr un adolescente independiente. No basta sólo conducirlo a una autodisciplina, también hay que dejarlo adiestrar su intuición, inteligencia y libertad.

## El adolescente debe aprender a controlar su estrés

### Las causas del estrés en la adolescencia

Según varios autores, las causas principales de estrés en la adolescencia son:
- El divorcio de los padres.
- Las discusiones entre los padres.

- La delincuencia del padre.
- La depresión de la madre.

Es necesario que los adolescentes se desliguen de sus padres, pero no pueden hacerlo fácilmente si ellos no representan modelos sólidos y seguros. En ese caso, los jóvenes se vuelven ansiosos.

Si usted se da cuenta de que su hijo ha vivido momentos de mucho estrés familiar en los últimos seis años, tome medidas para enmendarlo evitando hacerlo un confidente o testigo de los conflictos que usted tenga. También puede hablarle de la situación sugiriéndole diferentes formas de aminorar su estrés.

El estrés provoca mucha tensión y tiene efectos sobre la salud y la conducta. Puede ser generado por la imagen física que el joven tiene de sí mismo, por la vida escolar, el ambiente familiar, la vida social o amorosa.

## Usted debe saber que...

Una investigación realizada en 200 jóvenes de 12 a 17 años de edad reveló que las mujeres están, en general, más estresadas que los hombres. Las principales causas del estrés en las jóvenes son la apariencia física y el trabajo escolar. En los hombres, las preocupaciones son por el trabajo escolar y el dinero.

Los adolescentes, como los adultos, reaccionan al estrés con síntomas físicos (dolores de cabeza, tics nerviosos, etcétera) o con problemas de comportamiento o aprendizaje (agresividad, retraso, falta de memoria, etcétera).

El estrés está estrechamente ligado a la novedad, el cambio y los procesos de adaptación. Nos sentimos bien cuando nuestra vida es estable y previsible. En cambio, la tensión nace cuando los cambios se presentan muy frecuentemente, aunque se trate de situaciones agradables. Resaltemos, por otro lado, que es posible prepararse para los cambios; entonces es importante que los padres den seguridad a sus hijos aligerando las situaciones de cambio que se presenten.

## Un ejemplo

Usted tiene que cambiar de domicilio por razones de trabajo. Sabe que su adolescente está muy apegado a sus amigos y a su modo de vida. Se pregunta cómo prepararlo para este cambio. Tome en cuenta las siguientes sugerencias:

- Hablar con él mucho tiempo antes del cambio de casa, y aceptar que reaccionará mal al principio.

- Dejar pasar algún tiempo para retomar el tema, subrayando que usted comprende la reacción que tuvo.
- Dar y explicar las razones que justifican su decisión de cambiar de domicilio.
- Explorar con él las medidas que podrían ayudar a aminorar los efectos del cambio (posibilidad de alojar a los amigos en la nueva casa, permisos para estar los fines de semana con ellos, posibilidad de hacer un fondo especial para llamadas telefónicas, etcétera).
- No regañar, pues no sirve de nada: "¡Sabes bien que no tengo alternativa! ¡No quieres entender!"
- No minimizar el impacto del cambio: "¡Vas a tener nuevos amigos! ¡La casa será más grande y más bonita!"
- No ejercer una autoridad tajante: "¡Así será y te callas!"
- Hablar de su proyecto frente al joven y sus amigos y estar abierto a sus reacciones.

A veces, los padres evitan hablar de los cambios que se aproximan porque temen las reacciones del adolescente. Quieren evitar conflictos o reacciones intensas, pero se produce todo lo contrario: entre menos se hable de los cambios con los adolescentes, más los percibirán como situaciones injustas y negativas. También pueden llegar a considerarlos conspiraciones en su contra.

Cuando una persona está estresada debe encontrar una manera de disminuir su tensión. Si no lo hace, se arriesga a enfermar y tener problemas de conducta. Los padres, igual que los adolescentes, deben descubrir sus propios medios para afrontar el estrés.

A continuación presentamos algunas formas de disminuir el estrés:

• Recostarse para relajarse.
• Soñar.
• Escuchar música.
• Reír.
• Correr, hacer ejercicio, liberar la energía.
• Hacer labores domésticas, cocinar.
• Hablar con alguien de confianza.
• Arreglar el jardín.
• Leer, ver la televisión.
• Escribir, pintar.
• Tomar un baño caliente o recibir un masaje.
• Hacer cualquier actividad agradable.

## Usted debe saber que...

Hemos constatado que los hombres, en la adolescencia, tienden a hacer una actividad física

para bajar su estrés. Les es más fácil tranquilizarse después de haber hecho una actividad
intensa. Las mujeres tienden a hablar con su
mejor amiga para calmarse. Hombres y mujeres parecen encontrar en la música un buen
medio para escapar de las tensiones cotidia-
nas; desafortunadamente, el tipo de música
que eligen suele ser estresante para sus padres.

**¡Recuerde!**

Primero hay que confiar en uno mismo como
padre para poder dar confianza al adolescente.

La confianza se construye actuando. Cuando se
protege demasiado a un joven, se le devalúa e impide encontrar formas personales de adaptarse a
las situaciones. Cuando se le deja en completa libertad, se le hace vivir un estado de inseguridad que
lo conduce a poner a prueba nuestros límites.

La disciplina democrática establece reglas
tomando en cuenta a cada uno de los miembros
de la familia. Se basa en la comunicación, la negociación y la calidez. El joven que conoce los
límites de sus padres, y que se da cuenta de que
ellos consideran su opinión, tiene una buena
autoestima.

El estrés es parte de la vida, pero, si su presencia es muy frecuente o muy intensa, aminora el
sentimiento de seguridad interior. Ni los padres

ni los adolescentes pueden vivir mucho tiempo bajo el estrés sin volverse negativos hacia sí mismos y los demás. Es muy importante reconocer las causas y los síntomas del estrés y descubrir los medios óptimos para recuperar la paz interior.

 **¿Usted le da confianza a su adolescente? Verifíquelo respondiendo las siguientes preguntas:**

- ¿Soy un padre o una madre confiable?
- ¿Le doy confianza a mi adolescente?
- ¿Creo en sus capacidades?
- ¿Le permito ser diferente a mí?
- ¿Tengo en cuenta su opinión?
- ¿Él participa en la elaboración de los reglamentos familiares?
- ¿Las reglas en la familia son claras y concretas?
- ¿Las reglas tienen en cuenta a cada miembro de la familia?
- ¿Ayudo a mi adolescente a reconocer los síntomas del estrés?
- ¿Lo ayudo a encontrar formas para reducir el estrés?

Gracias a la adquisición de una nueva estructura intelectual, llamada pensamiento formal, el adolescente, alrededor de los 14 años, comienza a reflexionar de manera abstracta, a hacer asociaciones lógicas nuevas y a volver a considerar realidades concretas. En suma, son más capaces de filosofar e inventar sueños y proyectos que a veces suenan poco realistas.

# Capítulo II
## Ayudar al adolescente
### a conocerse

Los padres cuestionan a veces la capacidad de razonamiento de sus adolescentes. Sí, los jóvenes raramente son abiertos con sus padres y, por regla general, difícilmente se comunican con ellos. Este problema de comunicación proviene del hecho de que en este periodo de su vida, los adolescentes, para adquirir nuevas capacidades mentales, deben separarse de sus padres, afirmarse y volverse autónomos. Los padres que comprenden estas necesidades fundamentales son más capaces de superar el duelo de la infancia y ven orgullosamente cómo su adolescente emprende el vuelo.

Es normal inquietarse ante la temeridad del adolescente, pero si esta inquietud se traduce en un deseo de sobreprotección o de control excesivo, el joven optará por el silencio o la sublevación. A pesar de sus aspiraciones de liberación, el adolescente necesita ser escuchado, comprendido, amado y respetado; sin embargo, estas necesidades no pueden ser satisfechas como antes, hay que buscar las palabras justas y los gestos adecuados. ¡Todo un reto para los padres!

¿Qué hacer para que un joven tenga una buena autoestima? Ante todo, que ambos padres lo acepten como es, con sus virtudes y límites, y respeten su persona. Esto no significa que los padres no esperen nada de su adolescente, pero deben tener en cuenta a la nueva persona que está frente a ellos y que está buscando definirse, aunque a veces lo haga sin mucho tino, pero siempre con la formidable energía de la juventud.

**_El adolescente debe ser amado, apreciado, escuchado y comprendido_**

### Amar y decirlo

Su pequeñita era dulce y dócil, alegre y abierta. Una mañana, usted se encuentra frente a frente con una joven que responde que "no" a todo, que tiene cambios de humor repentinos y que guarda secretos. ¡Por supuesto, usted la ama!, pero hay días en que, para mantener su amor, piensa nostálgicamente en la pequeñita de otros tiempos.

 **Pregúntese qué es lo que usted aprecia particularmente en la personalidad de su adolescente...**

- Su belleza.
- Su agilidad.

- Su inteligencia.
- Su gentileza.
**...y dígaselas.**

Los adolescentes sienten la necesidad de poner una distancia física entre ellos y sus padres, pues la pubertad da un carácter sexual a sus encuentros humanos y hace resurgir a los fantasmas edípicos. Las palabras "cariñosas" pueden usarse cuando uno está en familia, pero nunca delante de los amigos. Los padres deben encontrar nuevas formas de expresar cariño a su adolescente.

Para los padres es difícil llevar el duelo de la infancia y renunciar a cierta forma de intimidad con sus hijos, pero es necesario hacerlo y descubrir nuevas maneras de manifestar su amor, pues los adolescentes siempre tienen necesidad de sentirse queridos.

## Apreciar y decirlo

Amar es un impulso del corazón, apreciar es un movimiento del espíritu. Uno puede apreciar la conducta de quien se ama, pero también la de una persona a la que uno no ama. Pensemos, a manera de ejemplo, en el hijo adolescente del nuevo cónyuge, con el que uno no necesariamente tiene afinidad, pero en el que uno puede apreciar cierta conducta o algunos rasgos de personalidad. Una buena forma de comenzar a establecer una relación positiva con alguien es observándole y marcando abiertamente lo que uno aprecia de esa persona.

## Saber escuchar

En general, los adolescentes no son muy elocuentes ni comunicativos. Hay que comprender que su universo cada vez se centra más en sus relaciones de amistad y amorosas. Necesitan intimidad, secretos, rituales (vestimenta, estilos de peinado, etcétera) y una forma de hablar propia. Los padres, si insisten en hablar, los hacen huir; pero quienes renuncian a comunicarse pierden el contacto con los adolescentes.

Una buena forma de comunicarse es interesarse sinceramente en lo que la otra persona nos dice, sin juzgarla, sin criticarla ni argumentar en contra.

Hay momentos específicos en los que es más fácil hablar con el adolescente. Puede ser en la mañana, antes de ir a la escuela, en la comida, durante alguna velada o en un fin de semana.

**Elija una situación, imagínela y pregúntese cuál sería la mejor estrategia para entrar en contacto con su adolescente.**

- Situarse lo más cerca posible de él y esperar su reacción.
- Armar una farsa.
- Hacer un comentario general sobre algo que le interese.
- Interesarse en lo que está haciendo.
- Decirle que quiere hablar con él.
- Hablar de usted, de su día de trabajo, de sus proyectos.
- Hablar de él.
- Preguntar por sus proyectos, sus amigos.

Es importante que se muestre interesado en lo que el joven hace; mire y escuche. No haga demasiados comentarios, escuche. Después, hable de usted, de sus gustos, intereses y sentimientos.

El contacto debe ser agradable, no moralizante ni desafiante. Si usted comienza dialogando sobre temas superficiales, le será más fácil abordar después asuntos más personales.

Uno se siente importante cuando se sabe realmente escuchado, y esto trae un impacto directo en nuestra autoestima.

## Sentirse comprendido

Ser comprendido significa que nuestros sentimientos, gustos, deseos e ideas son reconocidos.
¡Es aun más importante que ser escuchado! El
adolescente tiene sentimientos, gustos, deseos e
ideas propias. Hay que conocer sus gustos y
tener una buena actitud ante ellos, por ejemplo,
es claro que a usted no le gustan los cabellos
teñidos de rojo en su hijo, pero no debe criticar-
lo ni ridiculizarlo por sus gustos. La búsqueda de
identidad pasa algunas veces por la originalidad
o la marginalidad. Usted puede ser sincero, pero
jamás faltar al respeto.

### *El adolescente debe separarse, afirmarse y volverse independiente*

*Antes de que el adolescente consolide su
identidad, pasa por estados negativos y de
existencia fragmentada, intentos de oposición, rebelión y resistencia, fases de
experimentación y de pruebas personales a
través de excesos; todo esto tiene una utilidad
positiva en el proceso de autodefinición.*

Peter Blos

## El adolescente debe separarse de sus padres

La alternancia de afirmaciones retadoras de independencia y peticiones infantiles de ayuda marca el proceso que lleva al adolescente a independizarse de sus padres.

Al pensar en su hijo, usted puede descubrir que es:

- Rebelde: su conducta y actitudes ilustran su deseo irrefrenable de poner distancia entre él y usted.
- Dependiente: su conducta y actitudes ilustran su temor a alejarse de usted y ser independiente.
- Manipulador: su conducta y actitudes muestran ambivalencia, es decir, dependencia y, al mismo tiempo, autonomía respecto a usted.
- Independiente: su conducta y actitudes ilustran su capacidad de percibirse como alguien diferente que desea tener una relación positiva con usted.

Con la adolescencia, uno comienza a abandonar progresivamente la dependencia infantil cuestionando la influencia de los padres y el entorno familiar. Algunos padres temen mucho ver que sus hijos marquen sus distancias, tomen un estilo personal y prefieran a sus amigos antes que a su familia. ¿Usted está inquieto o tiene miedo de que su adolescente tenga experiencias negativas? ¿Tiene confianza en que tome buenas decisiones? ¿Está convencido de que él sabrá cuidarse?

## El adolescente debe afirmarse

Para desarrollarse armoniosamente, su hijo necesita amor y comprensión. También debe sentir que usted le "permite" ser cada vez más independiente. En otras palabras, siente la necesidad de que usted lo apoye en su búsqueda de afirmación personal y en el descubrimiento de su identidad.

 **Respondiendo las siguientes preguntas, descubra cuál es su actitud frente a la afirmación de su adolescente:**

- ¿Tiendo a controlar sus entradas y salidas de la casa?
- ¿Me aseguro constantemente de que cumpla sus responsabilidades (escolares, domésticas)?
- ¿Le repito frecuentemente los reglamentos, consignas y formas de ser de nuestra familia?
- ¿Lo dejo asumir sus responsabilidades a su manera?

- ¿Lo animo a participar y compartir las tareas domésticas?
- ¿Deseo que exprese abiertamente sus opiniones, desacuerdos y gustos?
- ¿Controlo las personas y los lugares que frecuenta?
- ¿Verifico frecuentemente su conducta en la escuela?
- ¿Tengo dificultades para dejar que se vista y peine como quiera?
- ¿Tiendo a imponerle mis soluciones cuando tenemos algún conflicto?
- ¿Me inquieto cuando no sé dónde está ni lo que está haciendo?
- ¿Confío en su capacidad de organizar su vida de manera armoniosa?
- ¿A veces le digo:"Elige y decide tú mismo, puedes hacerlo"?
- ¿Acudo inmediatamente a la escuela cuando tiene algún problema?
- Desde su punto de vista, ¿soy más estricto y autoritario que la mayoría de los padres?
- Según él, ¿soy más comprensivo que la mayoría de los padres?
- ¿"Compro" la paz porque tengo miedo de pasar por problemas dolorosos?
- ¿Lo dejo hacer lo que le dé la gana, pues creo que he terminado de cumplir con mi papel de padre?

- ¿Me cuesta trabajo dejar que organice su habitación como él quiera?
- ¿Soy incapaz de tolerar que esté muy cerca de una persona del sexo opuesto?
- ¿Me considero un padre que está a favor de la sumisión, del conformismo o de la afirmación de uno mismo?

## Usted debe saber que...

Comunicar es hacer que un mensaje se reciba y se comprenda. La comunicación implica dos actitudes fundamentales: saber escuchar atentamente y saber expresarse abiertamente. Algunas veces, lo que separa a padres y adolescentes es una barrera del lenguaje que puede derribarse con una buena comunicación.

El adolescente es generalmente atraído por las personas que lo ayudan, que tienen empatía con él y que son capaces de ponerse en sus zapatos. Él se identifica con aquellos que admira y respeta, y los imita. La identificación se da cuando el adolescente siente que existe una similitud entre él y la persona que admira. Desea, pues, identificarse con esa persona, tanto que piensa que puede parecerse a ella.

**El adolescente debe ser independiente**

Ser independiente es:
- Romper lazos de dependencia.
- Preguntarse qué es importante para uno.
- Ser capaz de emitir y sostener su propia opinión (decir sí o no, según la propia visión).
- Expresar abiertamente lo que uno piensa (ideas, emociones, necesidades, decisiones, elecciones, etcétera).
- Definir sus límites (hacerse respetar, rechazar actitudes groseras, palabras hirientes, etcétera).
- Decir lo que uno quiere tomando en cuenta lo que los demás quieren, sienten o piensan.
- Tomar decisiones personales.

**Investigue si es un adulto independiente respondiendo las siguientes preguntas:**

- ¿Tengo una visión positiva y constructiva de mi existencia?
- ¿Tengo una buena autoestima?
- ¿Soy capaz de autodeterminarme?
- ¿Logro controlar mi estrés, ansiedad y angustia?
- ¿Elijo los medios apropiados para llevar una existencia armoniosa?
- ¿Planeo el futuro con proyectos concretos y realistas?

- ¿Disfruto los instantes felices?
- ¿Cuido mi salud?
- ¿Soy innovador y creativo (en mis relaciones y trabajo)?
- ¿Logro mis objetivos y metas fijadas?
- ¿Tomo iniciativas (de relación con los demás, profesionales y familiares)?

Un medio ambiente familiar armonioso, organizado y abierto, ayuda al adolescente a llegar a ser un adulto autónomo, equilibrado y satisfecho de su vida.

Seguramente habrá ocasión de procurar la autonomía tanto de padres como de adolescentes, será el tiempo de encontrar objetivos y medios que harán que cada uno viva con los demás de forma independiente. Por ejemplo, se puede decidir que el objetivo sea la comunicación y que, para lograrla, habrá que consagrarle quince minutos diarios.

La independencia es una capacidad que se desarrolla en la práctica cotidiana.

## Usted debe saber que...

Construir la propia independencia es:
- Reconocer fuerzas, habilidades y capacidades personales, y creer en ellas.
- Descubrir, mencionar y responder adecuadamente a las necesidades.

- Desarrollar y apreciar la capacidad para encontrar soluciones creativas a sus problemas personales.
- Tomar decisiones para el bienestar propio, no solamente para complacer a los demás.
- Aprender a quererse y estimarse.
- Reconocer, mencionar y aceptar las emociones.
- Aprender a confiar en uno mismo en todos los ámbitos.
- Hacerse respetar.
- Respetar a los demás.
- Estar orgulloso de sí, reconocer sus comportamientos y realizaciones, y valorarlos.
- Reconocer el derecho a ser diferente y tolerar las diferencias de los demás.
- Ser capaz de tomar decisiones e iniciativas.
- Ser capaz de pensar, actuar y, finalmente, evaluar los resultados de sus actos.

## El adolescente debe ser reconocido y respetado por lo que es

La adolescencia es el periodo de la vida que se caracteriza por el cuestionamiento de la identidad. A lo largo de esta fase, el joven debe reconocer e interiorizar una imagen realista de sí mismo que constituya un todo uniforme. Debe definir su estilo personal de acuerdo con sus fortalezas y debilidades.

La autoestima es un proceso que permite tomar conciencia del valor personal y conservarlo, y que se afirma a pesar de las dificultades y vulnerabilidad. Éstas se convierten en obstáculos y desafíos a superar. Es importante que los padres acompañen a su adolescente a lo largo del proceso. Su primera tarea consiste en percibir y reconocer las características del adolescente, es decir, señalarle frecuentemente sus cualidades y puntos débiles. El adolescente debe ser apreciado totalmente para que tenga una buena autoestima.

## Las cualidades

 **Pregúntese si conoce bien las habilidades y cualidades que su hijo ha adquirido a lo largo de su desarrollo:**

- Habilidades físicas (en los deportes, danza, manualidades).
- Habilidades intelectuales (capacidad de análisis, de síntesis, de abstracción, de sentido común, de planificación, de memoria, de generalización).

- Habilidades creativas (expresión corporal y verbal, dibujo, música).
- Cualidades sociales (capacidad de escuchar, de expresar sus ideas y sentimientos, empatía, cooperación, generosidad, capacidad de hacer amigos, afirmarse, tomar decisiones, pedir, respetar las figuras de autoridad).

## Los puntos débiles

La autoestima supone también que uno tiene conciencia de sus limitaciones y vulnerabilidad. Un adolescente con una buena autoestima está bien consciente de que posee los recursos para superarlas.

 **Pregúntese si conoce bien los puntos débiles de su adolescente:**

- En las actividades físicas (motricidad general —deportes, danza—, motricidad fina —destrezas manuales—).
- En las actividades intelectuales (análisis, síntesis, abstracción, sentido común, planificación, memorización, generalización, expresión verbal, creatividad).
- En las relaciones sociales (humor inestable, agresividad, ansiedad, tristeza, miedo, hiper-

sensibilidad, oposición, falta de confianza, mala conducta social, provocación, control excesivo, tendencia al aislamiento, rechazo de grupo, inestabilidad con sus amistades).

Toda persona posee zonas vulnerables. Es importante hacer comprender esta realidad a su adolescente y ayudarlo a ver éstas como obstáculos y desafíos a vencer. La tarea será más fácil si usted comparte con él las dificultades que enfrentó durante su adolescencia y los puntos vulnerables que aún tiene. Dígale cómo logró vencer esos obstáculos y cómo él tiene los recursos suficientes para vencer los suyos. Sincerarse así con él acrecentará sus esperanzas.

## Las palabras a usar

Los adolescentes son extremadamente sensibles a lo que uno les dice. Se sienten heridos cuando nuestras palabras contienen una crítica. Recuerde que es importante usar palabras agradables. Cuando tenga oportunidad, no dude en usar frases como las siguientes:

- "¡Estás mejorando mucho en la escuela!"
- "Eres muy bueno en..."
- "¡Estamos muy contentos de tener un hijo (o una hija) como tú!"

- "¡Tienes una linda sonrisa!"
- "Estoy seguro de que puedes hacer..."
- "¡Qué bien, continúa!"
- "¡Cuando haces algo que te gusta eres muy perseverante!"
- "¡Estoy muy orgulloso de ti!"

### El adolescente debe sentir que sus padres esperan cosas realistas de él

Existe una distancia entre el adolescente que uno imagina y el que existe en realidad. Si la brecha es muy marcada y se inclina más hacia el joven soñado, habrá que despedirse de él. Es muy importante considerar a su adolescente por lo que es realmente y no por lo que uno quiere que sea.

Es válido que los padres esperen algo de sus hijos, pero eso que esperan debe ser algo realista, es decir, algo que vaya de acuerdo con su potencial, cualidades, fortalezas, dificultades y vulnerabilidad.

 **Pregúntese qué espera que su hijo sea dentro de diez años:**

- En el plano físico (salud, apariencia, habilidad manual o deportiva).

- En el plano intelectual (estudios, creatividad, razonamiento, sentido común).
- En el plano moral (honestidad, sinceridad,
sentido de justicia, conciencia social, fidelidad a sus principios).
- En el plano afectivo (independencia, capacidad de afirmación e iniciativa).
- En el plano social (capacidad de escuchar y
cooperar, fidelidad a sus amistades, generosidad, éxitos).

Es necesario adaptar nuestras esperanzas a las
características de nuestro hijo. Para ello no hay
que negar su identidad. Si lo que uno espera de
un hijo es la proyección de los deseos propios,
por ejemplo, desear que sea lo que uno siempre
quiso ser, está negando su identidad.

**¡Recuerde!**

Su hijo debe sentirse amado. Hay que aprender a
manifestarle nuestro amor respetando el hecho
de que él busca activamente su independencia.

No siempre es fácil establecer una buena
comunicación con un adolescente, pero éste se
sentirá apreciado y comprendido si se da cuenta
de que usted lo escucha, se interesa en su universo personal y respeta sus silencios y su pudor.

El adolescente experimenta el deseo irre-
sistible de alejarse de sus padres. Este deseo

56

causa temores en aquel que es dependiente, y ambivalencia en quien es manipulador, pero también permite que el adolescente, sobre todo el que es realmente autónomo, desarrolle una verdadera capacidad de percibirse como alguien diferente de sus padres; por ello es importante favorecer la autonomía de los jóvenes.

La afirmación consiste en saber "quién soy, qué quiero y cómo puedo ser yo mismo sin temer ser rechazado". El ser humano se afirma diciendo, en principio, "no"; es así como marca su diferencia de los demás. Enseguida, cuando se siente seguro y reconocido en sus capacidades, puede afirmarse diciendo "sí".

El adolescente debe descubrir su identidad. Para hacerlo, debe definir su estilo personal tomando en cuenta sus cualidades y defectos. Los padres pueden ayudarlo a saber quién es y a desarrollar una buena autoestima reaccionando de manera positiva (con retroalimentación) y animándolo a resolver los problemas a los que se enfrente.

¡Los planes realistas de los padres y los adultos que rodean al adolescente nutren su autoestima!

**Para conocer mejor el estado de la relación con su hijo, hágase las siguientes preguntas:**

- ¿Modifiqué mi manera de mostrarle amor a mi hijo ahora que es adolescente?

- ¿Procuro escucharlo realmente entrando a su universo?
- ¿Acepto que mi adolescente quiera tomar distancias?
- ¿Lo animo a afirmarse positivamente?
- ¿Acepto negociar una mayor independencia?
- ¿Señalo sus cualidades aunque no sean las que yo considero mejores?
- ¿Reconozco sus habilidades?
- ¿Señalo sus puntos débiles sin dañar su orgullo?
- ¿Le expreso claramente lo que espero de él?
- ¿Espero cosas realistas de él?

# CAPÍTULO III

## ENSEÑAR AL ADOLESCENTE A
### PARTICIPAR Y COOPERAR

Probablemente, la adolescencia es el momento más importante de la vida para aprender a vivir en grupo. Se trata, en efecto, de un periodo crucial durante el cual el individuo busca la presencia de otros. Esta apertura a los demás viene desde la más tierna infancia, pero se vuelve vital en la adolescencia por tres grandes razones.

En principio, el adolescente debe alejarse de sus padres y de los adultos en general para definir su identidad; se puede decir que corta el cordón umbilical por segunda vez. Pero el adolescente no puede cortar todos sus lazos con los otros, entonces se encuentra con otros jóvenes para redefinir con ellos sus valores, deseos y aspiraciones. Busca ferozmente su independencia adhiriéndose de manera general a la subcultura de su grupo, en el que los signos exteriores principales son: la forma de vestir, hablar y peinarse, así como la elección de alguna actividad y un tipo de música.

El adolescente siente la necesidad de abrirse a los otros por una razón más: estimulado por los cambios hormonales de la pubertad, es irresistiblemente atraído por las personas del sexo opuesto. Chicos y chicas están bajo una imagen física nueva que, sin embargo, todavía no está integrada, y son torpes en sus acercamientos sensuales y sexuales. El grupo los tranquiliza, los entorna y les permite tener contactos más o menos íntimos.

En fin, esta búsqueda de la presencia de otros se explica por el hecho de que el adolescente debe sentirse respaldado en sus esfuerzos para conquistar su independencia económica, sexual y personal. Debe aprender las reglas del juego, las formas de vivir en sociedad y los modos de participar y cooperar. Su grupo de amigos lo ayuda en este aprendizaje.

En los niños de edad preescolar, los padres tienen más influencia que los amigos. En la edad de educación primaria (6 a 12 años), tienen la misma influencia que los amigos, pero, en la secundaria y preparatoria (12 a 17 años), su influencia es menor a la de los amigos. ¡Esto no impide que todo lo que los padres han dado a sus hijos se mantenga vivo! Hay que añadir que los padres y educadores todavía tienen un papel muy importante que desempeñar en la adolescencia de los hijos: enseñarles a participar y cooperar tanto en la casa como en la escuela.

Es de suma importancia que el adolescente encuentre su lugar en la familia, en su escuela y en su grupo de amigos, y que este lugar le sea reconocido. La autoestima del adolescente se enriquece con este reconocimiento social.

## *El adolescente debe encontrar su lugar en la familia*

### La historia familiar

Es importante para un adolescente estar en contacto con su historia familiar, sea cual sea el tipo de familia en la que vive (tradicional, monoparental o recompuesta). ¡El edificio a construir será tan sólido como sus cimientos!

## Usted debe saber que...

Desde que son muy pequeños, los hijos ocupan mucho lugar en la casa y en nuestro corazón. Son ustedes, los padres, quienes han definido mayormente ese lugar y han establecido las reglas del juego. Pero he ahí que, ya adolescentes, los hijos cuestionan su forma de ser, sus opiniones, sus reglas y la manera de ver su participación en la vida familiar. No se asuste, es una buena señal, significa que buscan más cómo cooperar y no conformarse.

Saque su álbum fotográfico y mire con su hijo las etapas de su vida familiar. Déjelo hacer comentarios sin juzgarlo. Ponga atención a las emociones que rememora con más frecuencia.

Es lamentable que algunos adolescentes sean arrancados de su pasado porque sus padres se sienten culpables de algunas decisiones personales o porque tienen problemas para explicar las razones de estas decisiones.

El adolescente debe comprender su pasado para avanzar resueltamente al futuro. Debe tener momentos de complicidad familiar (hacer deporte, comer en un restaurante, ver la televisión, ir al cine, conversar, viajar...). Para crear lazos entre los miembros de una familia hay que hacerlo juntos, además de estar juntos.

El adolescente debe contribuir en la preparación y realización de los proyectos familiares (cambio de casa, viajes, vacaciones, etcétera). Debe participar activamente en la vida familiar (quehaceres, actividades familiares, discusiones, organización de festejos, elaboración de reglamentos, etcétera) encontrando siempre una vida social activa e integrándose bien a la vida grupal con sus amigos.

El adolescente debe desarrollar un sentimiento de pertenencia a su familia. Éste se construye preparando algún proyecto a desarrollar conjuntamente.

# Un proyecto familiar

## *Elaboración*

Prevea una reunión familiar tomando en cuenta los horarios de cada uno. Anuncie que esta reunión representará la ocasión para elaborar un proyecto familiar estimulante para cada quien. Explique también que tiene la necesidad de hacer algo agradable con todos los miembros de la familia y pida a cada uno llegar a la reunión con uno o dos proyectos.

Es posible que su adolescente llegue sin ningún proyecto. No importa, ¡aprenderá a participar!

Ponga todos los proyectos sobre la mesa y discútalos. Durante la discusión, céntrese en los intereses de cada uno.

Haga una lluvia de ideas en la que no se cuestione, en principio, la realización de los proyectos.

Deténgase en dos o tres proyectos y dé a dos miembros de la familia, entre ellos al adolescente, la responsabilidad de elaborarlos con mayor precisión.

Cítelos unos días o una semana después.

En esta cita, retome los proyectos y elijan uno todos juntos.

## Planeación

Cuando el proyecto sea elegido, discuta con la familia el papel de cada uno y las etapas a seguir (lugares, información necesaria, reservaciones, compras, etcétera).

Cada uno elegirá una tarea, y dos o más miembros tomarán la responsabilidad del proyecto, entre ellos el adolescente, si él quiere.

Fije otra cita para varios días o semanas después, según lo exija el proyecto.

## Realización

La actividad elegida debe llevarse a cabo con placer y complicidad.

Si nada pasa como lo hubiera deseado, diga que no es ni grave ni importante. Los errores forman parte del proceso de aprendizaje de la democracia.

Es importante destacar los aciertos del adolescente e ignorar por un momento sus fallos.

¡Recuerde su meta! Si usted quiere que su hijo tenga un sentimiento de pertenencia a la familia, debe sentir gusto al participar en esta actividad. Este sentimiento le hará participar también en las obligaciones y tareas menos agradables de la vida cotidiana.

## *Evaluación*

Inmediatamente después de la realización del proyecto, o unos días después, revise con su adolescente lo que pasó, apóyese en las siguientes preguntas:

- ¿El proyecto era realista?
- ¿Era agradable?
- ¿Era fácil de planear?
- ¿La participación del adolescente fue positiva?
- ¿A su hijo le gustaría tener otra experiencia similar?

No critique su forma de actuar y no subraye sus fallas ni ponga énfasis en las decepciones que generó en usted, si así fue. Insista en las cosas buenas y exprese la confianza que usted tiene en las capacidades del joven.

## Aprender a cooperar

Es posible estimular la cooperación de los jóvenes en la vida familiar sin tener que ejercer un control excesivo. Para ello, es necesario que los jóvenes participen en la elaboración de los reglamentos familiares y que asuman las consecuencias de sus actos.

El adolescente puede cooperar de distintas formas:

- Haciendo favores.
- Ofreciendo espontáneamente su ayuda.
- Haciendo sus quehaceres domésticos.
- Aceptando discutir con usted.
- Teniendo en cuenta sus ideas.
- Negociando antes de actuar.
- Reacomodando el desorden.
- Aminorando sus gastos.
- Respetando la intimidad de los demás.
- Conviniendo el número de amigos que entrarán a la casa.

## Usted debe saber que...

Una investigación del *Journal of Adolescence* revela que los adolescentes que viven con familias en las que hay muchas negociaciones ven el futuro con más optimismo. Esta investigación indica también que los padres que aminoran el control sobre su adolescente a medida que éste crece favorecen la autoestima de los jóvenes y los hacen sentir seguros en la vida.

## Cooperación y valores familiares

Gran cantidad de padres de adolescentes se lamentan de que éstos no colaboran en los quehaceres domésticos o no obedecen las reglas establecidas, como la hora de llegada, la higiene personal, etcétera.

Para cooperar, hay que dar valores a las reglas establecidas, es decir, hay que tener claro el valor que tiene cada una.

## *El adolescente debe encontrar su lugar en su grupo de amigos*

Las relaciones con los amigos cambian durante la adolescencia. Estas relaciones influyen de manera crucial en la formación de la identidad del adolescente.

## Usted debe saber que...

- En la adolescencia, las amistades evolucionan, pasan de un simple compartir actividades a una relación de más intimidad psicológica.
- Las primeras amistades son la base de las relaciones heterosexuales íntimas.
- Los niños que eran populares en la escuela primaria pueden ser igualmente populares

en la adolescencia. De la infancia a la adolescencia, el nivel de popularidad y aceptación se mantiene relativamente estable.

- La popularidad de un adolescente está estrechamente ligada al apego que tiene con las normas y hábitos de su grupo de amigos.
- Los adolescentes establecen sus normas en aspectos como la elección de sus amigos, sus hábitos de lenguaje y su forma de vestir. Sin embargo, se dejan guiar por las reglas de los padres en aspectos concernientes a su superación; por ejemplo, las notas escolares y las aspiraciones personales.

En primer lugar, la elección de amigos deviene muy importante. Pregúntese si su adolescente tiene amigos y cómo es que los ha elegido. ¿Qué lo empuja a elegir a alguien como amigo (sus características físicas, intelectuales, emocionales, sociales)? ¿Tiene algunos amigos más íntimos que otros? ¿Qué piensa de las personas del otro sexo?

## *El adolescente debe encontrar su lugar en el ámbito escolar*

La integración a la educación secundaria es una etapa importante que marca el inicio de la adolescencia. En general, el joven está feliz de vivir ese cambio que confirma su condición de adolescente, pero, al mismo tiempo, lo angustia. Veamos las razones de esos temores:

• Todo cambio genera inseguridad. El adolescente, al entrar a la escuela secundaria, teme perder la seguridad de la escuela primaria y sumergirse en un sistema nuevo y desconocido.

• La mayor parte de los adolescentes teme ser separado de su grupo de la escuela primaria y perder a sus amigos.

• Los varones temen ser agredidos físicamente por los mayores; las niñas se preocupan por no ser aisladas socialmente.

• Muchos adolescentes deben acostumbrarse a tener seis o siete profesores, lo cual les da la sensación de no poder recibir la ayuda que puedan necesitar; también temen volverse anónimos entre la multitud de compañeros.

• Los jóvenes tienen miedo de no poder tener suficiente tiempo entre una clase y otra o perderse en los corredores y espacios comunes de la escuela.

- La mayor parte de los adolescentes temen a las drogas, las pandillas, la violencia y el acoso sexual.

A pesar de sus temores, los adolescentes tienen una necesidad apremiante de pertenecer a un grupo. Los padres deben reconocer esta necesidad fundamental y ayudarlos a superar sus miedos.

## Conocer a los profesores

Es importante que los padres conozcan al personal que estará en relación directa o indirecta con su hijo, que sepan sus nombres y la materia que imparten.

Es difícil hablar con un adolescente acerca de su vida escolar si uno no conoce ni los nombres ni las materias de los profesores. Pídale que le hable de cada una de las personas que le imparten alguna materia; así, él se dará cuenta de que usted se interesa por sus actividades en la escuela; también podrá ayudarlo a reconocer las cualidades de sus profesores.

El adolescente debe estar consciente del tipo de relación que tiene con cada profesor, para ello necesita que usted lo ayude.

Tome el tiempo para hablar con su hijo acerca de los aspectos que favorecen su motivación escolar, y también de los que la aminoran. Si su hijo tiene alguna relación problemática con alguno de sus profesores, ayúdele a encontrar la forma de superar sus conflictos.

## Participar en la vida escolar

Su hijo se sentirá bien adaptado a su medio escolar si usted participa en algunas de las actividades que se realizan en la escuela. Evalúe qué tanto participa usted en la vida escolar de su hijo. ¿Habla alguna vez con los profesores? ¿Asiste a reuniones de padres o eventos especiales de la escuela? Si es así, seguramente su hijo pensará que su escuela es importante para usted, y esto le ayudará a adaptarse bien a ella. También será más fácil que aborden asuntos relacionados con la vida escolar, tanto de la estructura como de su funcionamiento; así podrá tener una relación de complicidad con su hijo.

Es muy importante que anime a su hijo a participar en diversas actividades extraescolares (deportes, música, manualidades, asociaciones estudiantiles). El adolescente que participa en este tipo de actividades tiene un fuerte sentimiento de pertenencia a su medio. En cambio, el adolescente que está poco motivado por participar en esas actividades, o que no se interesa en ellas, no tiene razones para sentirse apegado a su escuela.

Tampoco hay que reprochar a un adolescente por no participar en actividades extraescolares si él sufre al hacerlo, sería mejor ayudarlo a encontrar alguna solución. Podría usted sugerirle una participación acorde a su ritmo y tolerancia. Si el joven no participa en las actividades escolares porque tiene conflictos con sus compañeros o con las figuras de autoridad, hay que ayudarlo a estar consciente de la situación.

Si usted descubre en su hijo algunas actitudes que no favorecen una buena interrelación con los demás, intente encontrar con él las formas de hacer más armoniosa su vida escolar.

A causa de su estructura o funcionamiento, algunas escuelas no permiten que los jóvenes desarrollen un verdadero sentimiento de pertenencia. Si usted tiene buenas razones para creer que este es el caso de la escuela de su hijo, no dude en pedir a los responsables poner en práctica actividades que estimulen la participación.

El sentimiento de pertenencia es una necesidad esencial en los adolescentes; es como un tejido relacional en el que el adolescente aprende cada vez más a vivir con los demás. Este tejido es un gran respaldo contra el sentimiento de soledad. Es muy importante que la escuela, en su estructura y funcionamiento, favorezca activamente el sentimiento de pertenencia de los jóvenes.

A continuación presentamos algunas condiciones que debe cumplir una escuela para promover el sentimiento de pertenencia:

- La dirección y todos los profesores deben ejercer un verdadero liderazgo democrático.
- Los profesores deben estar convencidos de que el sentimiento de pertenencia es una necesidad esencial de los adolescentes.
- Debe existir una fuerte cohesión entre los miembros del profesorado y los de la dirección escolar. Esto se traduce en un proyecto educativo centrado en las necesidades de los jóvenes.
- Los profesores deben conocer y comprender las características del lugar donde se encuentra la escuela, así sabrán qué hacen los alumnos cuando tienen algún tiempo libre.
- Es esencial que los adolescentes y los padres sean y se sientan recibidos calurosamente en la escuela.
- La escuela, con la ayuda de los alumnos y padres, debe desarrollar proyectos, como exposiciones, ceremonias, campañas de ayuda, etcétera.
- Los profesores deben consultar regularmente a los alumnos y a sus padres a propósito de la vida escolar.

## ¡Recuerde!

El adolescente busca alejarse de sus padres, pero le gusta —ocasionalmente— tener momentos de complicidad familiar participando en actividades que escoja libremente.

Para sentir que es parte de los planes familiares, el adolescente debe participar en su elaboración, planificación, ejecución y evaluación.

Hay muchas posibilidades de que el adolescente participe en la vida familiar si asume los valores familiares y siente que tiene un margen de maniobra real.

El adolescente debe aprender a encontrar su lugar en su grupo de amistades. Una vida social exitosa es un buen remedio contra la depresión.

En lugar de discutir y criticar al grupo de amigos de su hijo, los padres deberían intentar comprender qué lo motiva a elegir a sus amigos.

Actualmente, la escuela no siempre motiva el sentimiento de pertenencia en los jóvenes; debería promover la participación, la cohesión y la concertación.

El adolescente puede encontrar su lugar en el medio escolar inmiscuyéndose en las actividades extraescolares, estableciendo buenas relaciones con sus profesores y aprendiendo a solucionar sus conflictos.

**Para evaluar bien el estado de las relaciones que tiene usted con su hijo, responda las siguientes preguntas:**

- ¿Le sugiero actividades regularmente?
- ¿Lo invito a participar en la elaboración de algún proyecto?
- ¿Estimulo su cooperación tomando en cuenta sus ideas?
- ¿Preveo un lugar y un momento para hablar con él acerca del buen funcionamiento de la vida familiar?
- ¿Conozco a muchos de sus amigos?
- ¿Sé bien en qué se basa para elegir a sus amigos?
- ¿Hablo frecuentemente con él de sus amigos sin criticarlos?
- ¿Algunas veces hablo de la escuela con él sin acusar ni regañar?
- ¿Lo motivo a participar en la vida escolar?

# Capítulo IV
## Ayudar al adolescente a descubrir estrategias que lo lleven al éxito

La adolescencia, esta tierra de nadie entre la infancia y la edad adulta, aparece como un territorio poblado de espíritus a veces benignos, a veces malignos. El pensamiento mágico, sobre todo al inicio de la adolescencia, reina plenamente. Chicos y chicas creen que su voluntad y talentos no están relacionados con los resultados que obtienen, pero sí con la buena o mala suerte. Por ejemplo, una adolescente se pregunta por qué los chicos la encuentran bonita y atractiva, si tiene un horrible grano en la nariz. Por otra parte, un joven se pregunta cómo es que ha obtenido un 8 en matemáticas, pues estaba convencido de ser inútil en esta materia. Los adolescentes creen, en general, que su suerte no depende de ellos mismos, que están bajo la generosidad o la severidad de sus profesores, y que tienen el amor ciego o la total incomprensión de sus padres.

El éxito escolar, la capacidad de resolver los problemas de la vida cotidiana, así como la búsqueda de la amistad y el amor, dependen de las relaciones de causa y efecto que el joven logra establecer. Pero esto no se cumple cuando vemos que aún hay adultos que piensan que "la vida es injusta" y que buenas y malas noticias son efecto de la buena o la mala suerte. Es necesario ejercer poder sobre la propia vida para dirigirla. Es así, y sólo así, como uno puede descubrir las estrategias que lo llevan al éxito y que permiten que uno se sienta competente en la vida.

Una buena autoestima es la base de la motivación y la autonomía. Así, un individuo que confía en sus capacidades, estará motivado para emprender cualquier actividad; usará los medios necesarios para realizarla e insistirá en lograrlo. En consecuencia, se sentirá competente, y su autoestima será más grande. Esta persona conocerá el éxito en lo que emprenda, y esto le hará sentirse bien valorado.

### El adolescente necesita modelos para planear su futuro

#### El adolescente y sus héroes

Una de las tareas importantes de la adolescencia es la de encontrar la propia identidad. Según Peter Blos, para lograrlo, el joven debe "desidealizar" a sus padres. ¡Y vaya si lo hace! El adolescente ve rápidamente las contradicciones entre los valores y las acciones que prodigan sus padres. Cuando toma conciencia de estas imperfecciones, busca otros héroes, modelos o personas ideales. Después criticará también a esos personajes, pues revelarán su imperfección, entonces él mismo creará su propio ideal; éste podrá estar más o menos alejado de la realidad, pero le servirá para planear su futuro.

De acuerdo con Gérard Lutte, las cualidades más apreciadas por un adolescente son la autonomía, inteligencia, voluntad y confianza en sí. ¡Precisamente las que permiten tener una mayor independencia! Sin embargo, chicos y chicas no se identifican con los mismos tipos de personas. Los varones adolescentes adoptan como modelos a hombres de 25 a 30 años de edad, exitosos, valientes, ambiciosos y perseverantes. Las jóvenes se identifican con mujeres de 19 a 20 años, libres, que tienen profesiones en las que están en contacto con otras personas, que son apreciadas por su sensibilidad, sociabilidad y tolerancia.

¡La sociedad no ofrece muchos modelos buenos a los jóvenes de hoy! Hay que permitirles mantener un tipo de persona ideal. En sus conversaciones con su hijo adolescente, intente saber a qué personaje le gustaría parecerse en el futuro (campeón olímpico, deportista, cantante, político, humanista, humorista, etcétera).

## La necesidad de "desidealizar" a los padres

Seguramente hay diferencias entre la percepción que su hijo tenía de usted (padre o madre) cuando era pequeño y la que tiene ahora. Cualquiera que ésta sea, seguramente usted ya se ha dado cuenta de que no es fácil ser un modelo para su adolescente.

 **Pregúntese si usted es, para su adolescente, un modelo de:**

Honestidad
Paciencia
Trabajo
Salud
Altruismo
Estética
Autocontrol
Sociabilidad
Armonía
Integridad
Creatividad
Perseverancia
Generosidad
Comprensión
Dulzura
Inteligencia
Sensualidad

Usted va a descubrir que es un modelo a seguir en algunos aspectos, pero también sabrá que tiene puntos débiles de los que debe hablar para mejorar.

Es completamente normal que un adolescente critique a sus padres y se dé cuenta de que tienen vacíos, pero eso es difícil de aceptar, sobre todo para los padres que tienen poca confianza en sí mismos.

Hay que entender bien que un adolescente que no logra "desidealizar" a sus padres no tendrá un desarrollo armonioso, será dependiente por más tiempo y, en cuanto a su autoestima, estará bajo la aprobación de los adultos que ejercen la autoridad.

## El adolescente aprende a resolver sus problemas

Actualmente, el adolescente vive en un mundo que se transforma constantemente. Debe enfrentar activamente problemas nuevos y cada vez más complejos, por lo tanto, debe aprender a buscar y encontrar soluciones originales a los problemas que afronta cada día. Los padres y los profesores pueden ayudarlo a desarrollar una forma de pensar inteligente, eficaz y creativa.

## Las estrategias ante los conflictos

### Existen tres tipos de estrategias para actuar ante un conflicto

*De huida* (evitar los temas delicados, reprimir reacciones emotivas), que a veces es saludable. Pero, en general, una persona no está satisfecha consigo misma cuando recurre frecuentemente a este tipo de estrategia, pues tiene los mismos temores y aprehensiones cada vez que se encuentra en situaciones similares.

*De suavizar los conflictos* (intentar arreglar las cosas, querer calmar los ánimos, resolver sólo algunos puntos, atenuar los motivos que generaron la situación conflictiva), que ayuda a minimizar los efectos de un conflicto. Estas estrategias tienen el único objetivo de retrasar una confrontación abierta con la otra persona. De esta forma se resuelven algunos detalles, pero se evita abrir una discusión a fondo del problema. Este tipo de estrategias es útil para retrasar la confrontación, pero deja a la persona insatisfecha de sí misma e insegura de lo que sucederá en el futuro.

*De confrontamiento* (usar la fuerza física o psicológica, usar chantajes y amenazas), en las que siempre hay un perdedor y un ganador. Estas estrategias son muy eficaces, pero hay que estar del lado de los vencedores. Cuando uno está del lado de los perdedores, sufre humillaciones, hostilidades y heridas físicas o morales.

Cada uno, aun cuando use mayormente uno de los tres tipos, usa también los otros dos en la vida cotidiana, cuando encara situaciones conflictivas. ¡Es normal!

Intente ahora descubrir qué estrategias usa con más frecuencia, y trate de saber si son las mismas que usa su hijo. ¿Cree que la forma en la que su hijo se comporta frente a los conflictos se parece a la de usted?

## La negociación: una estrategia constructiva y pacífica

El objetivo de la negociación es llegar a una resolución pacífica de un problema a través de un compromiso o una solución que, en cierta medida, satisfaga a ambas partes. Entre las estrategias de resolución de problemas, la negociación es la más constructiva y la más pacífica, y sus consecuencias son menos negativas.

En otras palabras, podemos decir que la negociación es una práctica que tiene sus propias reglas, y éstas deben ser puestas en práctica cada vez. Nadie llega al mundo capacitado para negociar; se trata de una habilidad que se desarrolla progresivamente a lo largo de la vida.

**¿Usted sabe negociar?**
**¿Soy capaz de...**

- ...determinar la naturaleza de los conflictos (teniendo en cuenta rutinas, reglas, actitudes y valores)?
- ...tomar la iniciativa para abrir el diálogo?
- ...escuchar y comprender el punto de vista de la otra persona?
- ...ser abierto, pensar y escuchar atentamente?
- ...afirmar mi postura de manera coherente?
- ...evitar juzgar negativamente a la otra persona?
- ...centrar mi atención en la búsqueda de resultados tangibles?
- ...seguir un proceso de resolución de problemas?
- ...aclarar el problema?
- ...percibir la posición que tenga cada uno?
- ...aportar soluciones de cambio?
- ...decidir poner en práctica la solución acordada (cómo y cuándo)?
- ...hacer, después de cierto periodo, una evaluación de la solución acordada?
- ...retomar el proceso de negociación si la solución elegida no da resultados?

La capacidad de afrontar la oposición y resolver los conflictos con los demás es una de las más importantes cualidades en uno mismo. Es necesario aprender a negociar y a promover la cooperación para lograr soluciones pacíficas a los inevitables problemas de la vida cotidiana.

La negociación es la estrategia de resolución de problemas más pacífica y eficaz. Uno puede desarrollar la capacidad para resolver conflictos. La calidad de nuestras relaciones con los demás depende mucho de esta capacidad.

No cabe duda de que hay que apoyar al adolescente en su búsqueda de identidad e independencia. El papel del padre o la madre es el de respetar la capacidad de razonamiento abstracto y lógico del adolescente, y ayudarlo a tomar conciencia de las cosas que lo motivan a seguir adelante. También hay que incitarlo a reflexionar en las consecuencias de sus actos.

### ¿Cómo resolver un problema real por medio de la negociación?

Paso 1. Identificar el problema. Intentar ubicar la situación conflictiva, es decir, el malestar o la necesidad expresada por cada uno. Describir el problema.

Paso 2. Enumerar todas las soluciones posibles. Intentar definir con precisión lo que se quiere. Tomar en cuenta los acuerdos y aspiraciones.

Paso 3. Evaluar la pertinencia de cada solución.

Paso 4. Tomar una decisión en común. ¿Cuál es la solución que parece la más adecuada para resolver el conflicto?

Paso 5. Aplicar la solución acordada. ¿Quién va a hacer qué, cómo y cuándo?

Paso 6. Evaluar los resultados de la solución acordada. Reflexionar sobre la forma en que las cosas se desarrollaron. Para ello, plantearse las siguientes preguntas:

- ¿Todo ha marchado bien?
- ¿Todos los participantes están satisfechos?
- ¿La situación conflictiva se atenuó desde que se aplicó la solución acordada?
- ¿Hay que hacer correcciones para que la situación quede más clara?

### El adolescente debe tener logros

Una buena autoestima supone un conocimiento claro de las habilidades, cualidades y talentos propios. Esto permite tener los medios necesarios para conseguir las metas personales, y se vuelve indispensable para tener éxito en lo que uno emprende.

Todos podemos lograr nuestras metas si éstas son claras, accesibles y realistas, si tenemos actitudes positivas y aplicamos estrategias eficaces.

El adolescente enfrenta muchos desafíos, y los de la vida escolar no son los menos.

## Metas a cumplir

Para ayudar a su hijo en su desarrollo escolar, es importante hablar con él acerca de las metas que se ha planteado a corto, mediano y largo plazo. Hablen de sus ambiciones, objetivos y capacidades, pero no imponga sus juicios ni sus metas. Se trata de hacerle saber que posee habilidades, cualidades y talentos con los que puede llevar a buen término sus objetivos. No se olvide de advertirle que sobre el camino tendrá que librar algunos obstáculos.

Todo adolescente tiene que tomar decisiones que influirán en su futuro; sobre todo en el ámbito profesional. Es importante que cada uno tenga una idea del futuro, para ello, el adolescente debe conocer las áreas en las que podría poner en práctica sus habilidades y talentos:

- Artes (teatro, música, fotografía, artes plásticas).
- Literatura (redacción, traducción, bibliotecología).
- Administración y negocios (ventas, finanzas).
- Comunicaciones (periodismo, relaciones públicas).
- Educación (enseñanza, pedagogía).

- Relaciones humanas (psicología, trabajo social, orientación vocacional).
- Salud (medicina, enfermería, fisioterapia).
- Ciencias (química, biología, genética).
- Técnicas (electricidad, plomería, ensamblaje).

Cuestiónese si el área que ha elegido su hijo es suficientemente realista y si sus capacidades concuerdan con sus preferencias.

Es muy importante hablar con él acerca de sus motivaciones. Hay que subrayar, con la ayuda de ejemplos concretos, los intereses, habilidades y talentos que ha manifestado desde su infancia hasta su edad actual.

El adolescente debe entender que la realización de sus deseos será el fruto de un largo camino de aprendizaje. Sólo cuando se han superado varias etapas y cumplido objetivos temporales se lograrán las metas fijadas.

## El proceso de aprendizaje

La realización de un objetivo no es producto de magia. El adolescente debe saber que el resultado que obtiene (éxito o fracaso) es la consecuencia lógica de las estrategias (motivación, autonomía) y de las actitudes que utilice.

| ACTITUDES | + | ESTRATEGIAS | = | RESULTADOS |
|---|---|---|---|---|
| Motivación Autonomía Responsabilidad | + | Formas de actuar | = | Resultado positivo o negativo |

Los padres tienen un papel primordial para hacer entender al adolescente que su valor como persona no está en cuestión cuando obtiene un resultado negativo o cuando no logra el objetivo planteado. La actitud y los medios empleados son los que hay que cuestionar.

El adolescente debe estar consciente de que un buen rendimiento escolar es asunto de motivación, autonomía y método de trabajo, más que de potencial intelectual, y los padres deben dar más importancia al proceso de aprendizaje que a los resultados. Desde esta perspectiva, deben ayudar al joven a evaluar las actitudes y los medios que lo condujeron al fracaso o al éxito. De esta forma, el adolescente podrá darse cuenta de que quizá no estaba suficientemente motivado o que no había elegido los medios adecuados para su objetivo. Podrá también darse cuenta de que puede controlar su propio ritmo y su forma de aprender, corrigiendo o ajustando actitudes y medios.

## Aceptar sus errores

El error desempeña un papel fundamental en el proceso de aprendizaje. Cuando el adolescente está consciente de sus errores, evita repetirlos y modifica las estrategias que usa para lograr sus metas. Así conocerá el éxito y se sentirá eficiente. Para que el adolescente acepte que comete errores es necesario que los padres también lo hagan.

**Investigue si usted es capaz de aceptar sus errores**
**Cuando cometo un error tiendo a...**

- ...negarlo.
- ...disfrazarlo.
- ...responsabilizar a otros o a las circunstancias.
- ...enojarme conmigo mismo.
- ...devaluarme.
- ...estar ansioso.
- ...ser estricto y perfeccionista.
- ...temer la reacción de los demás.
- ...ver el error como un fracaso.
- ...abandonar la actividad.

Si usted no tolera el error, su actitud generará que su hijo tienda a ser perfeccionista o se sienta desanimado. Es importante aminorar sus exigencias hacia sí mismo y hacia su hijo. El deseo de perfección gasta mucha energía y genera mucho estrés. En cambio, si usted acepta el error y busca estrategias para reconocerlo y corregirlo, disminuirá el estrés que genera. Además, ayudará a su hijo a percibirse positivamente.

Es importante que los padres se tomen el tiempo de decir al adolescente cómo reconocieron sus errores y los corrigieron; de esta forma le dan a conocer un modelo de evolución y esperanza. Henry Ford, el empresario estadounidense, decía: "Los errores son buenas oportunidades para ser más inteligentes".

Gracias a sus padres y a su actitud frente al error, los adolescentes se dan cuenta de que los errores que comenten no minan su autoestima. Esto es muy importante porque la autoestima y la motivación están en la base de todo proceso de aprendizaje.

Centrándose en el proceso de aprendizaje, corrigiendo sus errores y adoptando estrategias en el camino, el adolescente llegará a conocer el éxito. Se sentirá competente porque estará consciente de que tiene una buena actitud y de que ha elegido buenas estrategias.

Cada vez que el adolescente concluye con éxito lo que emprende se siente más capaz y orgulloso de sí, y desarrolla más su sentimiento de competencia. Sentirse competente es estar convencido de que uno puede superar cualquier desafío si aplica las estrategias y actitudes correctas.

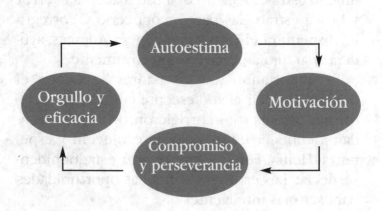

## Apoyar la motivación del adolescente

La motivación es la energía interna de todo aprendizaje. Es la base del compromiso y la perseverancia en cualquier actividad. A muchos padres les gustaría inyectar motivación a su adolescente, pero es más fácil hacerlo por la vía del contagio, es decir, unos padres que rara vez leen algún libro, que no tienen una vida intelectual o no les interesa la vida escolar de su hijo, no pueden despertar su interés por la escuela o las actividades intelectuales.

Sería bueno ayudar al adolescente a evaluar el grado de motivación que tiene en cada una de sus materias escolares (matemáticas, ciencias, historia, etcétera), si encuentran que hay alguna en la que su motivación sea baja, hablen del asunto tomando en cuenta los siguientes consejos:

- Ayúdelo a hablar de la calidad de la relación con la persona que imparte esa materia. Si hay una relación difícil, ayúdele a encontrar los medios para mejorarla.

- Si el conflicto persiste, anímelo a buscar estrategias personales que le evitarán ser castigado a causa del problema.

- No lo culpe y no le haga reproches.

- Hágalo decir precisamente qué es lo que no le gusta de esa materia.

- Ayúdelo a encontrar una forma de apreciar mejor la materia en cuestión.

## Usted debe saber que...

- El problema de la motivación puede estar asociado a problemas de aprendizaje que vienen de tiempo atrás. Es posible que el adolescente se sienta impotente y pesimista respecto a su futuro.

- Según nuestra experiencia, la mayor parte de los jóvenes que tienen problemas de aprendizaje permanentes se desenvuelven bien en la vida. Al respecto, observamos dos constantes: los padres estaban convencidos de que, a pesar de los problemas de aprendizaje de sus hijos, lograrían desarrollarse bien en la vida; y cada uno de estos jóvenes conoció a un profesor especial que creyó en sus capacidades y le brindó ayuda.

- Es importante transmitir los siguientes valores al adolescente:
  - el rendimiento escolar no está determinado sólo por la inteligencia;
  - lo más importante es disfrutar las actividades escolares;
  - las habilidades y conocimientos escolares son útiles en el presente y el futuro (hay que dar ejemplos concretos sobre la utilidad de lo que aprenden);
  - el rendimiento escolar es una consecuencia lógica de las actitudes y de las estrategias adoptadas, y cada uno puede controlarlo.

## Motivar la independencia y las estrategias de aprendizaje

El adolescente tiene que tomar decisiones respecto a su vida escolar. La capacidad de elegir y asumir las consecuencias positivas o negativas de sus elecciones son la base de la autonomía y la responsabilidad.

Hable con su hijo acerca de su responsabilidad en la escuela. Destaque los puntos positivos que manifieste y ayúdele a definir los medios que le llevarán a ser más autónomo.

Hay que ayudar al adolescente a descubrir y aplicar estrategias eficaces de aprendizaje; por ejemplo, para resolver un problema de matemáticas, él debe tener presente la siguiente información:

- Lo que conozco (los datos del problema);
- lo que busco (comprender el cuestionamiento);
- lo que hago (las operaciones necesarias y el orden en que debe hacerlas para resolver el problema).

Para lograr sus objetivos, es esencial usar estrategias pertinentes y un buen método de trabajo. Así, en la planificación de un trabajo final o en la preparación de un examen, el adolescente debe atender los siguientes puntos:

- Entender bien el objetivo.
- Prever la sucesión de etapas que se requieren para terminar el trabajo o preparar el examen.
- Prever la duración de cada etapa en relación con el tiempo disponible, así evitará trabajar o estudiar a última hora.
- Prever los medios o estrategias a utilizar en cada etapa (los padres deben procurárselos y darle sugerencias si él las pide).

- Prever una etapa de corrección tras concluir el trabajo y antes de entregarlo.

Los padres deben ayudar al adolescente a ser responsable en lo relacionado con la escuela, pero sin dirigirlo.

### ¡Recuerde!

El adolescente debe inspirarse en modelos para planear su futuro. Durante la adolescencia de los hijos, los padres son percibidos cada vez más de forma realista, es decir, con sus defectos y cualidades. El joven se dirige a las figuras o personajes extraordinarios, que luego convierte en héroes. Los padres no deben criticar constantemente a estos héroes, sería mejor que ayudaran a su hijo a forjarse su propio ideal a partir de las cualidades reales o supuestas de quien tanto admira.

Los padres deben afirmar los valores e intentar no contradecirlos con sus actos. Al adolescente, aunque no lo diga abiertamente, le gusta tener por modelo a un padre y una madre íntegros, y percibe muy bien las contradicciones que existen entre decir y hacer.

El adolescente debe aprender a enfrentar sus problemas y resolverlos. Debe estar consciente de que no se llega a la solución de un problema evadiéndolo, huyendo o con discusiones estériles; ¡sólo queda la negociación! Los padres pueden ayudar al adolescente a resolver sus problemas negociando de manera constructiva y pacífica.

El adolescente debe cosechar éxitos para aumentar su autoestima, para ello, debe estar motivado. La motivación vive desde el momento que se expresa un deseo y hasta que se satisface. No se trata de dar al adolescente todo mondado y en la boca, pero sí ayudarlo a conducirse de forma libre y reflexiva.

La independencia es esencial para el éxito, ¡hay que aprenderla!, pues se requiere tanto para la organización como para los métodos de trabajo.

El adolescente debe tener bien claro que su valor como persona no disminuye cada vez que comete un error. Éste es causa de estrategias mal aplicadas; cada resultado es la consecuencia lógica de los pasos que se siguieron para llegar a él. Un error debe implicar un cambio de estrategia y de actitud. Los padres deben ayudar al joven a ver el error como un proceso de aprendizaje, no como un fracaso.

**Para evaluar mejor el estado de las relaciones entre usted y su hijo, responda las siguientes preguntas:**

- ¿Sé cuáles son los personajes que más admira mi hijo?
- ¿Entiendo su necesidad de cuestionarme?
- ¿Conozco el tipo de personas a las que mi hijo quiere parecerse en el futuro?
- ¿Soy capaz de ayudarlo a resolver sus conflictos en forma pacífica y constructiva?
- ¿Busco la negociación cuando tenemos conflictos?
- ¿Lo ayudo a reflexionar?
- ¿Lo estimulo a seguir metas realistas en el ámbito escolar y en relación con el área profesional que le interesa?
- ¿Reconozco su derecho a cometer errores?
- ¿Lo mantengo motivado?
- ¿Puedo ayudarlo a adquirir buenas estrategias de aprendizaje?

# Conclusión

La adolescencia es un periodo crucial que genera una revolución de cambios físicos, psicológicos y sociales muy complejos. Es una etapa de la vida que trae cambios importantes para los padres y los adultos que rodean al adolescente.

Los jóvenes, con sus desplantes y aires de independencia, son extremadamente sensibles a las palabras y los gestos que les dirigimos. Nosotros también conocemos bien esta sensibilidad, y las actitudes de los adultos nos son igualmente familiares. ¿Quién no recuerda haber vivido grandes alegrías y penas intensas o tremendos corajes en su adolescencia? Todos recordamos a algún adulto que sólo se fijaba en las apariencias y criticaba nuestra facha, nuestras ideas e incluso nuestras emociones, y qué decir de aquel que era negativo e incrédulo y nos desanimaba y devaluaba constantemente. También tuvimos cerca a alguien (padre, madre, maestro u orientador) que creyó en nosotros y nos apoyó siempre.

La autoestima es la base de toda estrategia dirigida a prevenir numerosos problemas de comportamiento y aprendizaje en los adolescentes; todos los padres deben procurar su buen crecimiento.

Dar confianza al adolescente es la primer tarea que deben cumplir los padres y los profesores; para ello deben creer en él, hacerlo partícipe en las reglas que le conciernan y ayudarlo a reconocer y manejar su estrés.

En segundo lugar, hay que ayudar al adolescente a conocerse y, con ello, apreciarse mejor. Hay que subrayar sus cualidades y hacerle ver sus puntos débiles, pero sin aminorar su orgullo. Los padres deben reconocer que su adolescente tiene necesidades específicas: separarse de ellos, afirmarse y devenir autónomo sintiéndose amado, apreciado, escuchado, comprendido y respetado. ¡Toda una tarea!

Además, el adolescente necesita aprender a vivir en grupo y en sociedad. Este aprendizaje lo hará en su familia, en su grupo de amigos y en el ámbito escolar; debe aprender a participar y a cooperar. Así, realza su autoestima y encuentra un lugar en la sociedad.

Finalmente, el adolescente no puede desarrollar una buena autoestima si no concluye exitosamente sus proyectos, sean deportivos o de esparcimiento, amorosos, amistosos o escolares. Para tener éxito, el joven debe tener el derecho a equivocarse, y debe ser capaz de considerar sus errores como oportunidades para poner en práctica nuevas estrategias que le permitan triunfar en la vida y realizarse.

Para planear su futuro, el adolescente necesita modelos que le den el placer de caminar y concluir cada día resolviendo sus problemas de manera pacífica y constructiva. Los padres pueden ser esos modelos si son fieles a sus valores, aunque esto no es suficiente, pues el adolescente debe "desidealizarlos" para volverse independiente, entonces busca personajes que representen valores nuevos. Sin embargo, los padres son los más indicados para ayudar al adolescente a desarrollar, conservar y consolidar una buena autoestima. Su tarea es particularmente importante cuando el paisaje se torna neblinoso y la depresión y el desánimo se asoman tras esas nubes. En esos momentos, son ellos quienes abastecen de fuerza a su adolescente, no dejan nunca de creer en él o ella, lo ayudan a conservar la autoestima que le servirá para caminar por la vida en forma armoniosa.

*Qué hacer para desarrollar la autoestima
en los adolescentes*, de Germain Duclos,
Danielle Laporte y Jacques Ross,
fue impreso y terminado en julio de 2010
en Encuadernaciones Maguntis,
Iztapalapa, México, D. F.
Teléfono: 5640 9062.